모든 그림자에는 상처가 살고 있다

최연숙

1960년 전남 영암 출생.
2005년 『시명』으로 작품활동 시작.
2020년 『미네르바』시 등단, 경기문화재단 문예진흥기금 수혜, 시집 『기억의 울타리엔 경계가 없다』, 『유다의 하늘에도 달이 뜬다』, 수필집 『작은 풀꽃의 사중주』 등. 현 계간 『생명과문학』 편집위원.
darling777@hanmail.net

생명과문학 시선 06 최연숙 시집
모든 그림자에는 상처가 살고 있다

지은이 | 최연숙
펴낸이 | 김윤환
디자인 | 김병철
펴낸곳 | 생명과문학사
1판 1쇄 펴낸 날 | 2022년 10월 20일
등록번호 | 제2014-000007호

등록일자 | 2007년 3월 30일
주소 | 경기도 시흥시 하중로 203 (3층)
대표전화 | 02-2275-3892, 031-318-3330
팩스 | 050-4471-3892, 031-318-3370
이메일 | lifepen2021@hanmail.net
출판관리 | 열린출판디자인

2022ⓒ최연숙

- 이 책은 전부 또는 일부 내용을 재사용하려면 저자와 생명과문학의 동의를 받아야 합니다
- 이 도서의 국립도서관 출판도서목록은 서지정보유통서비스시스템 홈페이지와 국가자료공동목록시스템에서 이용하실 수 있습니다.
- '생명과문학'은 1994년 등록되어 출판 진행된 '열린출판사' 등과 연계 됩니다.
- 이 책은 저자와의 협의에 의해 인지는 생략합니다.

ISBN 979-11-976914-6-1 (03810)

값 10,000원

생명과문학 시선
06

최연숙 시집

모든 그림자에는 상처가 살고 있다

생명과문학 ⓒ최연숙2022

시인의 말

지상에는 풀벌레의 가을哥
천상에는 은하수의 별똥雨
허공이 만지는 밤의 등骨

퍼낼수록
갈증이 짙은
詩의 물고랑

언제나 흡족히 마셔볼까요.

2022년 가을
최연숙

목차

제1부

갈치 호박국에 어리는 두 남자	12
죽은 새끼를 물고	13
모든 그림자에는 상처가 살고 있다	14
월곶 포구	16
조짐	18
거미의 집	19
서귀포 마가렛성城에서	20
미세 먼지	22
지렁이와 호미	23
신新 제망매가	24
아버지의 엽서	25
은행잎 나비	26
갈대의 변주	27
감자를 심다	28
정월 대보름달	29
홍수	30

제2부

누가 숲에 자명종 시계를 걸어두었나	32
빈 섬	33
겨울 안개	34
망개떡	36
백수白壽를 앞두시고	37
실뜨기 놀이	38
너를 앓다	39
가뭄	40
피아니스트와 무릎의 인과율	41
뻐꾸기가 우는 시절	42
콩꽃이 필 때면	44
통영 가는 길	45
아프로디테 - 섭지코지	46
영암 무화과	48
백일몽	49
장미	50
해바라기의 사랑	51

제3부

바람의 유희	54
남북	55
우리는 다른 별로 가야 하나	56
타란툴라 거미	58
풀꽃 책갈피	60
처음 그 분을 만난 날처럼	61
잊지 말라고	62
하와이안 커피	63
산책길을 복사하는 늦가을	64
무의도	66
장마	68
가시꽃	70
끝물 포도송이	71
사마귀	72
강이 울고 있다	74
베이비 박스	75
왜가리	76

제4부

달팽이	78
후각은 기억의 끈을 잡아 당기고	79
속잎도 피어	80
오독誤讀	81
중세 놀이에 빠지다	82
배꼽을 훔치다	84
고양이 발자국	85
치마 속에 숨은 봄바람	86
혼돈	88
붉음에 관하여	90
땅따먹기 놀이	91
호숫가에서 - 유나 가족의 이야기	92
그녀와 나의 크레바스	93
산수유꽃 필 무렵	94
폭염	95

해설

기억의 최면술사가 퍼 올린 감동의 시편들 / 오봉옥   98

제1부

갈치 호박국에 어리는 두 남자

첫사랑을 만나러 통영에 간 백석이
객주집에서 홀로 떠먹었을 갈치호박국
나락 탈곡하는 날 마람 엮는 날
엄마는 아버지를 기다리며
갈치호박국을 끓였다
비릿한 갈치와 호박의 들큰한 맛이
조화를 부려 논 두레상에서
가시를 발라주던 엄마의 분주한 손끝
잊고 살아온 갈치호박국 위로
고향집 대추나무 아래 덕석이 펼쳐진다
그립단 말도 희미한 이제
그리운 이름마저 듬성듬성
호박국에 갈치 토막처럼 떠돈다
입의 기억은 세월과 반비례인가

죽은 새끼를 물고

지중해 안탈리아 해변
뜨거운 모래밭에서 물개 한 마리
몇 시간째 울부짖는다
목은 쉬고 눈가에 눈물이 흥건히 젖은
어미 물개 앞에는
사산한 새끼가 널브러져 있다
어미는 새끼의 몸에 자꾸 얼굴을 갖다 댄다
급기야 물에 닿으면
혹 살아나지나 않을까 하고
새끼를 물고 물가로 간다
새끼가 미동도 보이지 않자
이번엔 죽은 새끼를 모래밭에 내려놓고서
바다를 막아 선다
죽은 새끼 앞에서
어찌 할 줄 모르는 에미의 마음
뉴스에서는 자식을 죽인 비정한
젊은 여자가 얼굴을 가리고 차에서 내린다

모든 그림자에는 상처가 살고 있다

산책길에 줄지어 선 그림자
나무의 그림자를 관통해 제트기처럼
빠르게 지나간 고양이
나무는 옹이를 더 깊이 숨겼다
물리고 물려 곪은 데가 진득한 고양이도
호피 무늬 털만 보여줄 뿐이다
아픔은 아픔끼리 통하는지
바위는 어둠 속으로 깊어진 상처를
가끔 몸을 뒤틀며 보여주기도 했다
저 수억만 년 물의 역사로
석탑을 쌓은 주상절리의 조화도
물의 상처가 만들어 낸 비경이다
햇볕이나 달빛에 상처를 말리다가
밤이면 별의 그림자를 피워내기도 한
크고 작은 상처의 꽃들
꽃은 꽃끼리 부둥켜안기도 한다
꽃은 꽃끼리 밀어내기도 하다가
딱딱해진 딱지를 떼어내기도 하는데
꽃을 피우지 못한 상처는

다른 상처의 꽃을 보지 못한다
모든 그림자에는 상처가 살고 있다

월곶 포구

가라앉은 고요가 갯벌을 감싸 안는다
갈매기가 포구로 날아들며 물고 온 갯마을
기억은 언제나 꿈길이다
풍경도 사람도 무채색이다

김씨가 손 놓은 채 구름처럼 흔들리고
뻘등에 고깃배가 사나흘 졸고 있던 날
성난 아내의 고함소리 허공을 쩽쩽 울렸다

갯고랑에서 진진초록 파래를 뜯다가
운지리 두엇을 아부지 검정 고무신에 담아
집으로 달려오던 늦가을 해름
엄마 손에 이끌려 읍내 병원에 가신
아부지 옷이 지붕에 널브러져 있었다

비녀를 뺀 엄마의 머리는
조기弔旗마냥 흔들리고
아부지는 방으로도 못 들어오시고
토담 아래 누우셨다, 객사라는데

어린 내가 본 죽음의 무서운 첫 경험이었다

월곶에도 전라도 횟집이 있어
넉넉한 한 상이 고향 바다 위로 펼쳐져
한 점 한 점 사라질 때마다
하나둘 접시를 채우는 그리운 이름들
가슴으로 떠오른 지 오래인
아부지, 엄마, 동생이 든 새녘 별자리는 희미한데
바다는 여전히 나를 유년시절로 돌려놓고

*운지리:망둥어의 전라도 사투리

조짐

일이 커지기 전에 알았어야 했다
겨울 한 가운데서 콘크리트 타설을 하다가 앗,
외마디 소리가 들릴 때쯤은 이미 늦은 것
조짐은 그것뿐만 아니었을 것이다
누군가 미리 알아채지 못했을 뿐,
맹수에게 뜯어 먹혀 너덜거린 내장과 뼈만
남은 사체와 같은 H 사의 민낯을 보고야 말았다
날숨마저 얼어붙은 공중을 오르내리다가
일순간 날벼락의 무게를 견디지 못하고
어느 회 갈피에서 얼음꽃으로 피어났을까
숨을 조이는 잔해 속에서 가족의 이름 눈에 밟혀
눈 못 감았을 흥건히 젖은 하루 치 노동 값
살아서 나섰던 집에 살아서 돌아가야 하지 않겠는가
나는 기도하며 조짐을 기다린다
그분들이 살아서 돌아올 것 같다는 조짐이거나
사고의 괴물이 모조리 사라질 것 같다는 조짐이거나
코로나와 미세먼지가 천만년 칩거에 들어가고
그 봄이 올 것 같다는 조짐이거나

거미의 집

어제는 없던 집 한 채 늘어났다
무단점거해도 시비할 일 없는 곳이다
비 내린 어제저녁 망치 소리 들리지 않았다
신의 손끝인가
기둥과 기둥 사이 한 치 오차가 없다
바람이 드나드는 커튼 십자줄이 겹치는 곳마다
구슬방울까지 달아 놓았다
빗속을 유영하던 날벌레들이 방마다 들어와
판토마임 중이다
방에 든 손님들을 포식한 주인 혼자
투명 이불을 몸에 친친 감고 하늘그네에서
늦잠을 잔다
우주에서 가장 정교한
아찔한 허공의 집 한 채

서귀포 마가렛성城에서

'구름 위의 산책'이라는 영화가 떠올랐어
날개 아래 구름의 왕국에도
구릉과 숲이 호수와 빙하가 펼쳐졌지
오랜만이었어
날고 싶다고 언제나 나는 건 아니더군
흰 마가렛이 무릎을 스치며
손짓하는 정원을 지나
우리를 순식간에 중세로 데려간 마가렛 성

시간과 공간 밖에서 달려오는 남작과 백작 부인
그 성에서 프루스트가
우리의 잃어버린 시간을 찾아 주었지
열흘 야화는커녕 3일 야화도 턱도 없었지
그 대신 잠시 나를 접어서
옷걸이에 걸어두고 나 아닌 너로 분장을 했어
가발과 모자를 쓰고 한밤중에
뮤지컬 페스티벌을 벌인 거야
이건 맛보기고 디데이는 내일이라지

본 게임 전인데
난 미소가 예뻐 미소 진이라고 부추기네
긴 분홍 드레스와 모자를 쓰고
굽 높은 샌들을 신어야 했어

촬영감독의 분주한 주문에
로봇이 되어야 했다니까
자유를 구속당하는 건 정말 싫어

백여 신을 찍는 동안
프레임 속에 갇혀있는
모델과 배우가 왜 힘든지 알았어
컷, 컷이 아닌 롱 테이크라면 이미 배우겠지
다행히 프레이밍을 잘 맞춘 촬영감독이 시간을 당겨주었어
피사체야 얼마간 편집을 하면 되는 것이고
게르망뜨 공작부인은 인형 발에나
맞을 법한 직각의 뾰족구두에
발톱이 두 개쯤 빠져나갈 것 같다네

아무에게나 작위를 주는 건 아니지
남작, 백작, 후작, 공작은 없고
부인들만 섬으로 피난을 왔어
여기도 안전하진 않아
지구는 온통 코로나를 앓고 있거든
어이 촬영감독? 네러티브를
코로나 이전으로 하는 것 잊지 마
'데카메론'과는 좀 다른 플롯으로

* 서귀포 마가렛 성: 제주도 서귀포의 엔틱카페 겸 펜션으로 중세풍의 옷과
  소품으로 분장하여 사진 촬영을 해주는 곳

미세 먼지

사흘 걸러 하루씩 바깥 출입을 했다
창틈을 강력테이프로 겹겹이 붙여두고서
밖으로의 공기 차단이 시급했다, 그러함에도
먼지는 기어이 유리창을 통과하여
방 한 가운데를 점령해 버렸다
괜찮아요 나는-
밀어내는 것들의 경계가 사라져 간다
일곱 개의 구멍을 막고 살순 없었다
거름망 없는 들숨으로 사람들은 몇 초씩
죽음 쪽으로 근접하고 있다
날숨만으로 살아야 한다니
숨통이 조여온다
분명한 것은 죽는 순간까지
손해배상을 어디에 청구해야 하는지
모른다는 것이다
유치부 다온이가 죄 없는 눈으로 묻는다
선생님 오늘은 무슨 색깔이에요?

지렁이와 호미

잡풀도 어릴 때가 순하다
억센 풀과 씨름하니 호미를 든 손아귀가 아프다
땅속에서 지렁이가 툭 튀어나와
눈앞에서 一자로, S 자로 몸을 굴리며 뒤튼다
이걸 어쩌나, 잡풀을 뽑다가
옷도 안 입은 맨몸을 쇠로 쳤구나
몸의 세월도 지긋하니
켜켜이 자란 미움과 원망, 상처와 낙심의 잡풀들
제거하기가 쉽지 않다
호미처럼 단단한 결심으로 찍어내지 않으면
억센 풀처럼 뽑히지 않는다
잡풀을 뽑다가
지렁이 같은 마음 한 평은 다치지 말아야 한다
그 부드러움으로 세상이 따뜻해질 수 있을 테니
풀과 씨름하다 공연히 죄 없는 지렁이를 잡았다

신新 제망매가

돌 전 옹관에 담겨 애총 무덤에 묻힌 가지 하나
스물 앞두고 푸른 잎을 떨구어 버린 가지 하나
시대의 아픔을 앓다 정신줄 반은 놓아버리고
세상의 뒷방에서 세월이나 헤아리는 가지 하나
아흔아홉에 하나 더 채우려고 맘몬신에 붙들려
재물만 탐하는 위태한 가지 하나
자식 백 년 농사 실패라고 모일 때마다 궁시렁
궁시렁거리는 가지 하나
시나부랭이나 쓴다고 밤낮 잎 피우다 꽃 피우다
익지도 않은 열매 먹지도 못하고 매만지고 있는
가지 하나
한 나무에 나서 가는 길이 북남서동이다
돌아가고 싶어, 반짝이던 잎사귀에 아기 새들
깃들이던 그 나무로

아버지의 엽서

상원사 가는 단풍진 소롯길
장작 타는 냉갈이
고향의 부삭을 호명하고
처마가 나지막한 옛집 뜨락
물매화 흰 말씨 짓고 있네
오지단지 산국은 늦향을 품고
노박덩굴 까치밥은 싱글생글
눈망울을 굴리며 잣눈짓하네
오후의 햇살은 창안이 궁금한지
맑고 긴 손을 내밀어
내 얼굴을 어루만지다가
마당가 감나무를 기어오르네
시간이 정물화를 그리며
덧칠해가는 토방 위로
아버지의 가을 한 장이
붉게 타오른다

은행잎 나비

어둔 우화의 그늘을 벗어나기 힘겨웠던 초봄
그늘은 그늘로 다시 이어졌다
반쯤 벗겨진 허물을 속으로 꿀꺽 삼킨 나무는
굳센 의지의 손을 수없이 뻗쳤다
공존의 세계로 나가야 하는 길은 단절과
분리의 연속이었다
생명은 홀로 길들여가야 하는 시간
햇볕이 초록 날개를 번쩍번쩍 비추어도
아무도 봐주는 이 없었다
태풍과 폭우 몰이에 속수무책이었던
한여름 숨통이 조여드는 나무의 입가에서도
구슬땀이 질척거렸다
누렇게 뜬 얼굴로 건너야 했던 계절의 틈
맥없이 하늘을 올려다보는 시간이 잦아졌다
찬바람도 우리 사이를 좁히지 못했다
팔삭둥이처럼 미완의 상태에서
된서리를 맞았다
잔디밭에 무수히 엎드린 날개 접은 나비
그때야 하늘을 날고 싶었던 나비의 꿈이
환하게 부화하였다

갈대의 변주

혼자선 음音을 내지 못한 갈대는
해종일 개울가에 서 있었다
저녁 바람의 긴 손가락은
하프를 연주하는 뱅머리 여인
너울진 초록의 옷자락을
끌고 가는 뼛속에서 울리는 소리의
공명이 하프의 음계를 단숨에 뛰어오른다
음의 보폭이 깊고 넓다
웃는 소리,
흐느끼는 소리
먼 곳에서 불어오던 비바람의 손에
오십 대 가장의 부고 소식이 들려있었다

감자를 심다

보조개 속에 눈을 숨긴 온달 덩이들
그 몸에서 뜨지 않는 눈까지 찾아야 했다
눈을 살려 잘라낸 쪽달은 적당한 거리를 두어 묻었다
사람 사이에도 적당한 거리는 있어야 한다고
달의 눈은 위를 보고 앉아야 해를 빨리 만난다
손금 진하게 그어진 손바닥을 쏙쏙 내놓는 쪽달
종일 푸른 하늘과 무슨 말을 나누는지
옆 고랑 고추와 누가 빨리 자라나 시합하는지
부부 까치가 사과나무에 걸어 놓은 응원가 세 음절
검은등뻐꾸기의 홀딱 벗은 사랑가 두 마디
바람 날개가 지고 온 구름 몇 접시 받아먹고
푸르름으로 일렁이는 흰 웃음 무리
쭈그러진 쪽달이 토장한 제 몸에서
밤마다 하얀 비밀을 키우고 있다

정월 대보름달

달 속에서 걸어 나온 회억回憶들이
내 발길을 붙잡는다
달 속에 고향이 있다
달 속에 내 어머니가 있다
달 속에 둥근 두레반이 있다
두레반에 둘러앉은 여섯 식구가 있다
달 속에 먼저 떠난 별 하나 있다
두레반을 피자 조각으로 잘라내
달나라로 가져간 내 동생이 있다
달 속에 가랫불을 넘던 나와
쥐불을 돌리던 오빠가 있다
김에 싸인 찐 밥을 올려놓은
나락 가마니가 있다
쌀독이 있다
쪽진 달의 얼굴을 훔친 어둠이 있다
달 속엔

홍수

개울은 순식간에 강이 되었다
성난 황소처럼 달려드는 황토물
아이고 무시라,
우리는 모두 집으로 돌아갔다
말의 홍수, 정보의 홍수, 디지털 홍수
우리는 모두 무서워할 틈도 없이
둥둥 떠내려가고 있다

제2부

누가 숲에 자명종 시계를 걸어두었나

아침 6시
감긴 태엽을 풀며 정확히 검은등뻐꾸기가 운다
박새도 황조롱이도 분침을 돌린다
감긴 눈은 뜨이지 않고 귀만 소리의 촉수를 늘인다
물기 없는 숲이 째깍째깍 발걸음을 조여온다
새들이 아침 소나타에 내 귀를 불러간다
누가 숲에 자명종을 걸어두었나

빈 섬

휴대전화를 잃어버린 날
남편 전화번호가 입안에서 좌충우돌이다
몇십 개의 전화번호가 기억의 저장 통에서
바로 불려 나오던 시절, 오, 아날로그여
이름 모를 벌레가 사그락사그락 뇌를 갉아먹고
손안에 엉겨 붙은 스마트한 쇳덩이가
매 순간 정답이라며 던져준다
미처 인식도 하기 전 우린 한 몸이 되었다
행여 너를 잃어버린 날에는 일상이 증발해버린다
명사와 숫자는 돌아오지 않았고
방금 인사를 하고 돌아선 사람의 얼굴도 지워진다
왕이 된 너는 내 안에 들어앉아 명령어를 입력하고
맞춤 정보를 끊임없이 보여주며
삶에 할당된 시간까지 삼키고 있다
의식의 영토는 너에게 유린당하고
생각조차 쇠사슬에 묶여 끌려다니고 있다
우리는 저마다 빈 섬이 되어갔다

겨울 안개

겨울비의 꼬리가 길다
짙은 안개 속으로 끌려온 실체는 무엇인가
누군가는 예술이 화려한 허울을 쓰고
경제 위에서 꽃 피운다는데
자본이 사고파는 것이 어찌 예술 뿐인가
겨울비가 변두리 모퉁이로 몰려가고
퇴근길 김 노인이 찢어진 비닐봉지를 날리며
다리를 절뚝이며 지나간다
노인은 고물상 철물을 정리해주고
몇천 원을 받아 돌아오는 길이다
노인의 팔과 다리는 날카로운 철 끝이
빗금을 제멋대로 그어놓았다
함석지붕을 다닥이는 빗소리가 끊기고
방문이 가볍게 닫힌다
산다는 것은 시간을 견디는 것
시간이 사람을 붙드는 것
부품공장에서 녹슨 기계를 만지던
만수의 목에서도 붉은 쇳소리가 난다
내일은 세상도 기계도 팽팽 돌아가야

가난한 몇몇 시인이
목구멍에 풀칠이라도 할 수 있을 터인데

망개떡

아부지 나뭇짐 지게
넌실넌실 집에까지 따라오던 맹감넝쿨 서너 개
흰나비가 지게 뒤를 따라오기도 했고
산풀냄새, 진한 박가분 냄새가 엎어오기도 했다
떡을 정성껏 싼 맹감잎
아부지는 떡을 좋아하셨다
아부지 섬 장사 나서시고 농사일은 엄마 몫이었다
열두 마지기 논농사 천 평 밭농사,
놉과 품앗이란 말 아직도 귀에 찡겨 있다
아부지 하늘길 가시고
땅과 허리가 묶여 있던 엄마는
그 여름 위들에서 김을 매시다 호미처럼 누우셨다
망개떡을 싼 맹감잎에는
아부지 엄마의 삶길이 구불구불 나 있다
망개잎을 벗기듯 고된 일의 더께를 벗겨내고 싶었던
어린 시절이 누렇게 바랜 망개잎 속에
아부지 엄마 이름을 찰지게 보듬어 안고 있다

백수白壽를 앞두시고

죽 한 숟가락 떠 드리다가
엄니 백 살까진 사셔야 해요
뭐 하게야…
음, 경주 김가에 백 세 장수 어른이 계셨다고
얘기하게요
언능 죽어야제…
봄꽃들이 날 좀 보소 날 좀 보소하는 날
울 엄니 까실한 삼베옷
마디마디 예쁜 꽃송이 달고
빨간 꽃신까지 덧신고
안 본다 안 본다 눈감고 가시네
숨 몰아쉬며 힘들어하시길래
하나님 울 엄니 큰 고통 없이 천국 가시게 해주세요
그 기도 몇 시간 후 들어주시다니요
엄니, 헛소릴 지껄인 전 정말 나쁜
며느리였구만요…

실뜨기 놀이

열 손가락이 고양이 요람을 엮는다
줄과 줄 사이는 느슨하고 또는 팽팽하다
칸칸마다 고양이가 살고 있다
털 한 올도 곤두서지 않아야 한다
새끼손가락이 먼저 들어간다
이어서 둘째 손가락이다
마지막으로 엄지가 들어가 요람은 안전하게 엮어진다
고요는 고양이가 손안에 살 수 있는 최적의 환경
네가 나에게로 옮겨지던 날도 그랬다
우리는 요람에 들어오기까지 수십 년이 걸렸다
느슨한 나와 이 사회 사이를 팽팽하게
잡아당긴 것은 삶이었다
사십 년 동안 너를 길들인 넥타이처럼,
장독대 옆 붉은 칸나가 넘겨다보던 한여름
고양이가 고양이 요람 속에서
아슬아슬 하루를 견딘다

너를 앓다

노랑별 연분홍별이
우리 마을에 내려왔습니다
해마다 만나는 봄별인데
올봄엔 더 반갑습니다
나이 먹는 것은
별과 가까워지는 일인가 봅니다
새 별들과 친구 되는 일인가 봅니다
네 별자리에도
햇꽃 피고 청나비 날아드냐고
넌지시 물었습니다
봄각시 여린 떨잠처럼 끄덕입니다
별들이 하나둘 씨앗을 물고
자기 자리로 돌아가면
나는 먼 남녘 하늘을 앓습니다

가뭄

환청으로 들린다, 빈 젖 빠는 소리
칭얼거림이 꿈속까지 따라온다
꿀꺽꿀꺽 젖 넘어가는 소리
귀에서도 희미하다
목말라, 목마르다
그분의 목소리 아니던가
그 옛날 순식이는 젖동냥으로
곯은 배 채우고 눈물 그쳤다는데
입 축일 젖 한 모금 고이지 않으니
젖이 돌아야 쪽쪽 빨아먹고
포만감으로 싱글 생글 웃어줄 텐데
벌써 몇 달째 빈 젖꼭지 하늘을
빨아대 입술이 누렇게 헐었다
내일이 雨요일이라고
만나자는 기별이라도 있다면
젖줄 도드라지는 찌릿한 소리
자장가 삼아 늘어지게 한숨 잘 텐데
목 타는 밭 가에서 몇 달째인가
마른 봄이 쪼그라진 신발을 들고
여름으로 건너간다

피아니스트와 무릎의 인과율

열두 개의 건반을 오르내린다
건반과 건반 사이는 가깝고도 멀다
하나의 건반에서 울리는
미세한 울림과 떨림
소리가 음악적 화음으로 들릴 때까지
피아니스트의 손은 보이지 않는다
간혹 발이 밟는 페달의 무게를
손이 감지 못하기도 한다
산다는 건 끊임없이 손과 발의 소리가
부딪히는 것인가
(사흘 전 '미'에서 파열음이 났다
오늘은 파찰음)
소리가 앓는다
건반이 앓는다
손과 소통이 끊긴 페달을 밟는 발,
중심을 잃는다

뻐꾸기가 우는 시절

뻐꾸기가 언제 우리 집에 날아들었을까
그가 날던 푸른 하늘 한 자락,
그가 앉았던 녹음 한 두름
언제 우리 집에 데려왔을까

뻐꾸기가 세 번 울면
검은 가마솥 뚜껑을 스르륵 밀고
큰 나무 주걱으로
쌀 몇 줌 섞인 보리밥을 휘휘 섞어
양은 밥통에 퍼담았어요

산자락에 흰 쌀밥 단지 단지 뜸 들이고
점심 바구니를 머리에 인 엄마는
뻐꾸기 소리에 발을 맞춰 논둑을 지나고
쭈그렁 막걸리 주전자를 든 내가
엄마 냄새를 맡으며 따라갔지요

뻐꾸기가 세 번 울면 밥을 푸는 내가
그 논둑길에서 풀따기를 하네요

아참, 강암 양반다리에
빨판을 꽂고 있는 거머리가 보여요

나락이 초록 잎을 쑥쑥 키워 꽃을 피우고
꽃잎에 붙은 땅개비도 있어요
밥상 위에서 노릇하게 구워진 굴비가
아부지를 부르네요
뻐꾸기가 또 울었어요 정확하게 세 번,
얼른 검정콩과 현미와 흑미와 기장쌀을 휘휘 섞어
밥을 퍼야겠어요

내 안의 그림자 같은 엄마를 꺼내다 보면
시간이 너무 빨리 지나요.
저거 봐요, 하루를 안고 사라진 햇덩이를
뻐꾸기는 날마다 불러와요
아가, 밥 먹어라

콩꽃이 필 때면

이즈막 콩꽃이 피었다
어머니는 밭가에 서 있는 나를 불러
야야, 콩꽃이 피었네 하셨다
동부 꽃 녹두꽃 팥꽃
새벽이슬을 이고 선 콩잎들이
지난밤 꽃봉오리를 감싸고
둘러서서 기도를 올렸을까
막 피어난 꽃은 신성하기까지 했다
콩밭을 둘러 나온 어머니 치맛자락에선
이슬 냄새가 났다
콩꽃이 피는 날에는
뻐꾸기도 한나절 노래를 불렀다
어머니 가시고 이듬해부터 섬골
밭 콩은 꽃도 피우지 않고
뻐꾸기 노래도 그쳤다
그 먼 곳에도 콩꽃은 피고 지는지
뻐꾸기 목놓아 울고 있는지
해마다 콩꽃이 필 때면

통영 가는 길

산 아래 봄별 아홉 개 반짝입니다
별빛을 들여놓은 골짜기 봄밤
항아리 들숨 날숨 햇 장맛 익어갑니다
산안개 별빛 다섯 개 까맣게 지우고
네 개의 밤별 자울듯 조울듯 깜빡입니다
저문 풍경처럼
청빛 하늘가 봄달 하얗게 피어오르고
시간을 차창 밖으로 재빨리 밀어내며
통영행 버스는 달려갑니다

아프로디테
- 섭지코지

남국의 검푸른 바다 위로 갈매기 한 마리
환하게 난다
방금 키프러스 섬에서 떠오른 그녀가 몰고 온
달큰한 바람이 제 몸을 풍선에 매달고
붕 떠오른다
오래 걸어둔 세월의 수건으로
이끼 낀 거울을 닦고
봉한 샘에서 물을 길어 올린 그녀가
섭지코지 계단을 오를 때마다
큐피드의 화살은 방향 지시어를 따라오며
심장을 겨눈다
거기, 거기 서 봐
청옥 물빛 건너 우뚝 솟은 성산포가
꽃잠에 취한 듯한데
바닷바람이 연한 온실 밖으로
연가처럼 분홍 꽃들은 피어나고
야자수 향기에 젖은 베아트리체의
긴 머리카락이 춤을 춘다
시월의 바다는 수평선을 감추고

시야를 넓히며 멀리서 당도한 파도와
"그대를 사랑해"를 합주하는 베토벤의 야윈 손
건반으로 날아드는 나비의 환상적인 몸짓
"그대를 사랑합니다 저녁에도 아침에도
우리가 우리의 고통을 서로 나누지 않는 날이 없었어요."
낭창한 선율이 모래알을 훑는데
눈앞에 펼쳐진 풍경은 온통 당신이라는 안온한 품속이다

영암 무화과

동글동글,
연두송이 붉은 입술 살풋 다물고
마음눈에 선한 탯자리 품고 살듯
안으로 연분홍 첫정을 피우며
시장 초입에서 나를 기다린 너를
와락 품에 안았다
봉순이,
그 가시내

백일몽

날씨마저 칠면조를 닮은 칠월 중순
을지로역 만남의 광장,
무스탕에 털모자 목도리까지
겹겹이 싸인 깃털 같은 여자가
검은 뭉칫돈 활자를 깔고 앉아
꾸벅꾸벅 졸고 있다
꿈속에서 가족을 만났는지
언뜻 입가에 엷은 미소 두어 줄
그려지다 지워진다
계절을 잊어버리고 자신조차 놓아버린
고동의 휘돌이에 갇힌 그녀
향방 모를 고개의 움직임만큼
출처 불분명한 사연은
시시각각 그녀 앞에 쌓여간다
낙지발처럼 질긴 이생의 끈은
꼭꼭 깨물어도 자를 수 없어
손가방 하나 보초병 세우고
슬픈 자화상 그리고 또 그리는
자본과 빌딩 숲속 이방인

장미

안데스산맥을 밤 내 넘어
유리알 같은 첫사랑을 흔드시는가
겹겹이 둘러싸인 성스러운 비경祕境
신선경에 도취한 숨 막히는 탐닉耽溺
제 몸 가시로 찔러 탄성을
피우는 모순의 향기여

해바라기의 사랑

남국의 이글거리는 태양이거나
여기 쨍쨍한 팔월의 햇볕이거나
네가 바치는 오롯한 기도는
해가 아니다
달의 신화나 별의 숭배도 아니다
태양을 그린 뒤 사라진 고흐의 맨발은
더욱 아니다
날마다 더 가까이 가길 원하는 곳은
그 너머 더 멀리에 있다
마음속 비밀로 새겨진 시원만이 기억하는
원을 감싸는 한 장 한 장의 꽃잎 속
빛을 향하는 사랑의 일렁임도
고도의 행위예술이다
한낮의 정열은 여름을 다 태우고
노랑 옷가지는 된볕에 말려
촘촘히 익힌 까만 분신의 염원
사랑은 비우고 떠나는 것이라고
모가지 째 주어버리지

제3부

바람의 유희

산바람이 나무 우듬지로 길을 낸다
윗가지를 흔들며 춤을 추다가
줄기를 타고 내려온다
나무 밑동에서 비질하는지
쓰윽 쓱 히히힉-
나무는 간지럽다는데
내 다리를 핥고 머리칼을 흐트러뜨린다
바람의 길도 유턴이 있다
다시 산꼭대기로 올라간다
이번에는
내 뒤에서 흰 구름의 꽁지를 흔든다
새털이 푸른 하늘로 빠르게 날아간다

남북

    아니 긍께 술래인 내가 저를 쳐다본다고 행준이가 밀어부 럿어야 인숙이네 말레 옆 땀에 조개껍질이 겁나게 백혔드라 핵교 선배라든가 걔네 언니가 조개 잡아다 묵고 흙하고 이겨 서 담을 쌓는가 비여 영숙이는 이마에 남북이 크게 나불고 걔 네 엄마가 쑥을 찧어서 볼르고 난리나붓다 아직도 이마에 그 숭터가 있드라 병원 가서 없애 불라 해도 절대 안 된단 디 그 거시 추억 보따리를 풀어내는 훈장이라고 핑생 못 잊을 것이 람서 그 가시내 고집도 쎄불드랑께 하긴 그런저런 기억이 있 슨게 나이 묵어도 덜 적적하재 늙어서 우덜 만나믄 뭐하것냐 유년으로 가는 완행열차나 꼬꾸로 타고 오락가락 함시롱 시 간 죽이는 것이재 양수야 동살미 명자네 감서리 사건잔 말해 봐라이 명자네 한마니한테 들켜 간짓대 떤져불고 어뜻게 내 빼부렀는지 넘어져 물팍이 깨져 피가 줄줄 나드라 속없는 우 리 껌응이는 담박질 시합한 지 알고 막 뛰어 오드랑께 참말 누에가 실 풀어 낸 것 만치로 끝이 안 보이는 우덜 깨복쟁이 시절이여

* 남북: 넘어지거나 다쳐서 부어오른 상태의 고향 탯말

우리는 다른 별로 가야 하나

그는 귀가 없다
입이 없다
눈이 없다
얼굴도 없다
그러나 이름은 있다
그는 공간 이동이 빠르다
경계도 없다
어떤 벽이든 바로 통과한다
무서운 무기를 가지고 있다
무기를 어디에 숨겼는지
몇 개나 가졌는지 파악이 안 된다
그의 무기는 쏘아도 소리가 없다
사람이 맞아 쓰러져야
무기의 개수가 파악된다
사람끼리 밀착하면 정확하게 조준한다
오래 얘기를 하면 할수록 표적이 된다
촘촘한 부리 망을 써야 한다
그 망은 어린 왕자가 자기 별에 돌아가
양에게 씌워줄 망이기도 하다

장미꽃을 먹으면 안 되기 때문이다
장미는 무기를 피할 수 있다
양도 피할 수 있다
어린 왕자도 피할 수 있다
사람만 피할 수 없다
우린 어느 별로 가야 하나

타란툴라 거미

차이콥스키의 교향곡 '비창' 3악장에는
음계를 오르내리는 거미 한 마리 살고 있어요
춤을 추며 행진하는 남자와 여자 사이를 돌며
음표처럼 폴짝폴짝 튀다가
한 템포 느리게
춤을 추는 여자와 남자를 물곤 해요
거미에게 물린 사람들 몸으로 독이 퍼지면
두 발이 경중경중 공중으로 떠오르지요
타란텔라 타란텔라 주문을 외우며
단조와 장조 지그보다 더 빠른 춤곡으로
빠르게 공중을 회전하며
땀에 푹 젖도록 춤을 춰요
기쁨의 독이나 슬픔의 독이나
오래 묵히면 치명적이에요
사는 것도 죽는 것도 모호할 때가 있어요
죽어서 사는 사람이 있고
살아도 죽은 것 같은 사람도 있거든요
'비창'을 들으면 피지도 못하고
져버린 그 애가 떠올라요

눈 뜨면 불도장을 찍고 있는 그 아이
죽음을 조롱하면 절대 안 돼요
하늘은 생명 하나를 살리기 위해
천천만만의 이름을 부르거든요

풀꽃 책갈피

어느 봄 눈에 밟혔는가
지난한 세월 꽃 물든 갈피에서
마른 향기로 제 몸 드러내
생의 한 정점을 상기시키네
언어의 행간 건너
밝고 눈부신 들빛을 깨치며
푸른 기억 순례하다가
납작 엎드린
수줍음 하나 툭 떨어진다

처음 그 분을 만난 날처럼

바위를 차고 튀어 오른 물의 알맹이들
그날처럼 하얗게 꽃 귀가 열리는 날

오, 시간의 모노레일을 과거로 구르며 오세요
산란하는 물이 알알이 공중에서 빛나듯
그 빛 마음에 깃들어 첫사랑의 기쁨에 전율했던
춤추지 않아도 춤을 추던
노래하지 않아도 노래하던

상긋한 바람을 일으켜 빛의 알들이 깃들인 둥지로
임의 품에 기대여 먼 시원의 소리를 듣던 그곳으로
오세요, 첫날처럼

진달래는 소나무 뒤에서 꽃 입을 열고
하양 분홍 레이스 계곡에 펼쳐 놓고 그날을 부른다

잊지 말라고

한동안 그를 잊었다
아니 애써 그를 밀어냈던 것 같다

하지만
세상이란 발판에 발자국을 찍고 떠나도
아주 떠난 것이 아니었다
귀또리가 되어
여뀌가 되어
샛강이 되어 말을 걸기도 했다

공기처럼 바람처럼 보이지 않아도
나뭇가지가 흔들리고
내가 숨을 쉬고 살듯이
찬찬히 보면 그가 살다간 흔적이
내 손바닥에도 문장 부호처럼 새겨져 있다

오늘도
귀또리가 밤새워 말의 탑을 쌓는다

하와이안 커피

렌즈 앞에서 남자는 커피를 내리고 있었다
그 뒤 희붉은 꽃잎을 휘감은 천사들의 실루엣
케냐의 고원 어느 못에도 연꽃이 피었던가
비가 왔고 연달아 커피 꽃이 피었고
꿈속의 향기처럼 뜨거운 입맞춤이 이어질 때마다
하얀 꽃자리는 녹색 열매를 안았다
낮과 밤이 풍경으로 스미고 발돋움하던
커피나무가 키를 훌쩍 키워갔다
프로펠러에 떠밀려 물 위를 박차 오르는 새떼들
누군가 떠난 자리에 누군가는 돌아오고
커피 알은 두 사람 체온의 밀도만큼 영글어갔다
사랑처럼 빠져드는 모차르트의 클라리넷 연주
"우리는 여기의 주인이 아닙니다, 스쳐갈 뿐입니다"
엔딩 후 하와이안 고나 커피를 마실 때까지
우리는 영원히 주인이 아니기도 하다
우리가 가진 모든 것들에서
커피잔을 든 래드포드의 옷 빛은 상아색이었다
모자까지도, 아웃 오브 세미원!

산책길을 복사하는 늦가을

오후 3시, 열병식 중이던 플라타너스에
해꽃이 피었다
삽시간에 앞 뒷산까지 꽃물결이 이는데
늦가을에만 꽃을 피우는 해는
나도 한 번쯤 꽃을 피워봐야 하지 않겠냐고
반문하듯이 우듬지마다 꽃을 피워대는데
꽃불에 덴 마음이 딩구르르 구르는데
나무는 해꽃을 꼭대기까지 밀어 올리며
내일은 늦서리가 올 거라고
꽃이 시들 거라고
미안한지 자꾸만 해꽃을 어루만진다
바람이 해꽃을 공중으로 밀어내 사라진 서쪽으로
늦빛의 꼬리가 긴 그림자를 끌고 산 등을 넘는다
호수에 누운 산을 건져 카메라에 옮기고
미라보 다리에 살짝 걸친 황가을 단풍을
앨범 한구석에 저장하다가
산책로를 휘감는 찬 공기에 발걸음이 빨라진다
산다는 것은 매운바람과 불꽃 같은 날을 견디고
맞는 일이다

눈을 기다리는 마음을 주머니에 숨기고
공중전화 부스 앞에서 하늘 호숫가를 산책 중일
그를 떠올려보는 것도 사는 일 중 하나다
저기, 산국 한 송이 첫눈처럼 반갑다

무의도

버스가 선 갯가에는
줄에 걸린 마른 가자미가 도형처럼
갯바람에 흔들렸다
다리 굵은 뻘낙지 두 마리가 담긴
검은 비닐봉지를 들고 버스에 올랐다
맛있게 먹어줄 남자의 얼굴이 고물거리는
낙지발을 따라 햇살에 얼비쳤다
허공에 덩그러니 떠 있는 연륙교를 건널 땐
바다로 떨어지는 영화 속 상상이 길었다
가지 않은 길을 오래 걸어왔다
팽나무 더께 같은 세월이 둥근 나이테를
감으며 터를 잡아갔다
두 길이 하나로 모아진 뒤
네 탓은 없어지고 내 탓만 남았다
낙지 두 마리가 뻘 위를 기어
제 구멍으로 들어가야 안식이듯
굳어진 습관으로 편안한 집이다
물 온도의 상승으로 감았던 다리가 풀렸다
마디마디 잘려 쌈빡하게 먹어치운 낙지는

도마 위에 제 진액을 흘려놓았다
종일 마음을 읽은 두 발을 이불이 끌어다 접었다
밖으로부터 어둠이 덮쳐왔다
감은 눈꺼풀 위로 밤별이 떠오르고 있다

장마

하늘 저수지 잠금장치가 고장이다
볶은 콩 보리 솥뚜껑 위 쇠기름 타는 냄새
성근 정개 문을 빠져나와 담장을 기웃거린다
스피커 줄을 타고 지직거리는 이장님 목소리
남자들은 마을회관 앞으로 모이시요잉
삽을 어깨에 멘 길수 아저씨 담배 연기
흰 우로보로스가 꿈틀거리다 사라진다
우의에 물길을 내는 비의 난타
강둑을 타 넘으려는 성난 물소 떼들
물에도 가시가 달린 긴 혀가 있다
지축을 뒤흔든 수마의 발소리에
검은 폭풍은 나팔을 불고 온다
울음은 물의 저주
담장이 무너지고 대추나무가 꺾이고
방죽은 물의 등을 사정없이 떠밀고
수로를 타고 번쩍이던 붕어는 손아귀에서
미끄럼을 탄다
풋고추와 마늘이 도구통 공이에 짓이겨지고
꼬리를 펄떡거리던 붕어는

살갗을 파고든 매운 양념을 털어내 보려다
이내 잠잠하다
큰물이 지면
밤이 이슥하도록 전설 한 자루 피어난다

가시꽃

가시는 꽃을 피운다
그 앙칼진 맹독으로

현관 밖에 내놓은 선인장이 꽃을 피웠다
한 줄기 키우고 싶다는 지인에게 주려고
손을 대자 숨어있던 가시가 일제히
날을 세우고 공격을 해왔다
나는 맨손으로 싸워야 했다

누구의 침범도 허용하지 않은
가시의 공격을 받은 손가락은
찔린 부위마다 호통이 무서웠다

가시는 스스로 곪은 상처를 파내기도 하고
자기를 찔러 핏빛 꽃을 피워 지키기도 했다

젊은 과수댁 어머니는
가시를 몸 밖으로 내밀었다
맵찬 세상을 홀로 지탱할 수 있었던 것은
그 가시였다

끝물 포도송이

금곡리에 모여 살던 나씨네 아저씨는
씨돼지 한 마리 데리고 이 마을 저 마을
씨를 내리러 다녔다
막대기 하나 들고 돼지를 몰던
순자 아부지
땟국에 절은 돼지가 걸을 때마다
뒤룩뒤룩한 살이 출렁거렸다
큰 귀는 펄럭펄럭 눈은 게슴츠레
손오공의 저팔계 같았다
뒷동네는 광산 김씨들이
윗동네는 양주 조씨들이 모여 살았다
동그란 조개껍질처럼 엎드린 초가지붕은
알알이 달린 맏물 포도송이 같았다
숙희네가 대처로 떠나자 미순이네도
자식들 모지랭이 되면 안 된다고들
달구지에 세간살이를 싣고 떠났다
윗마을 아랫마을이
포도밭의 끝물 포도송이처럼
듬성듬성 비어버렸다

사마귀

아이는 들은 척도 하지 않았다
결국, 녀석은 풀숲으로 돌아가지 못했다
뱃속의 것들 지키겠다고
아이의 손을 물어뜯어 피가 났다
본능이란 죽기 아니면 살기다
신랑도 잡아먹고 가진 종족 번성의
원죄를 지고 사는 녀석
잔인한 건 나이기도 하고 너이기도 하다
신의 자식들은 원죄의 굴레를 쓰고 산다
녀석은 단단한 껍질 속에
수십 개의 생명을 감추어두고
먹방 놀이에 빠져있다
방아깨비 세 마리를 머리부터 해체 중이다
바닥으로 뚝뚝 떨어진 다리 열여덟 개와 날개
대체 저보다 몸집이 큰 동물을
몇 마리나 해치운 것일까
다음 날은 날개 잃은 나비의 몸통이
포식자의 입속으로 들어갔다
그 사이 짙은 안개와 기온이 곤두박질치고

이제 녀석이 원하는 생식이 끊겼다
6개월이라는데 언제까지 버틸까
제 몸 풍장을 치를 그날이
점차 다가오고 있는데

강이 울고 있다

울먹이고 있다
여러 날 굽이치며 울고 있다
누군가 던진 날카로운 철심에 피멍이 든 날은
배를 허옇게 뒤집으며 울기도 한다
보리수 붉은 제 살에 흰 점 찍던
오늘 아침에는,
녹물이 뚝뚝 떨어지는 핸드폰,
누런 뼈를 들고나와
산 그림자 속으로 불쑥 달려오는
완행열차의 실루엣 뒤에 숨어
어깨를 들썩이며 울고 있다
때마침 불던 소슬바람이
강의 울음을 또르르 말아 쥐고
검단산 꼭대기로 올라가
붉고 노란 물을 흩뿌리며 내려온다
250살 된 느티나무 발밑으로
뱃사공 육손이 아저씨의
전설이 느리게 오가는 강마을에
현수막이 걸렸다
"강이 아픕니다"

베이비 박스

날개를 단 별들이 올 때마다 내 머릿속 벨은 울리지
오늘은 프로키온·베테게우스·시리우스 별이
삼각의 꼭짓점에 몸을 매단 채 하늘을 떠나왔지
낯선 골목 0.3평 상자에 동그마니 남겨진 별

별은 와서 세상을 울지
울음은 누구의 마음에도 가닿을 곳이 없어
절벽으로 떨어져서야 가늘게 들리곤 하지
별은 간혹 이카루스가 되기도 하지
양수 속 온도를 찾아 태양 주위를 떠돌다가
은하를 건너 다시 제자리로 돌아가기도 하지

우주의 탯줄도 못 떼고 땅으로 착지한 별을
먼저 떠나온 별들이 둘러앉아 맞이하지
때로는 막연한 엄마의 얼굴을 떠올리고 싶어
백조 떼를 따라다니는 미운 오리 새끼처럼
신화가 된 족보를 찾아 얼음사막을 헤매기도 하지

아가야, 대체 넌 어느 별에서 온 천사니?

왜가리

그날 서러이 온 동네를 울었던 묵음이
목에 걸린 핏덩이 때문이라는 걸 알았어
산 그림자 끝 간 데 없이 물 위에 눕던
저물녘 외따로 개울에 서서
아버지의 한 경점을 보여주는

저,
왜가리

제4부

달팽이

굽은 마음이 안으로만 들고 싶은 날

잘 구워진 호박전 같은 햇살은

왜 밖으로만 기어 나오는 것이냐

연이의 눈망울 닮은 빗방울은 오동잎 위에서만 노래하고

구절초는 엄마 무명 앞치마를 입고

언덕으로만 내달리는 것이냐

바람 난 구름은 신호도 무시한 채

푸른 차를 동서로 끌고 다니고

어치는 밤 내 누구를 부르는 것이더냐

이태 동안 나선형 방구석이 동굴처럼 편했는데

왜 밤마실이라도 나오라고 조르는 것이냐

후각은 기억의 끈을 잡아 당기고

안국역 계단을 올라간다
오래전 익숙한 냄새가
나를 끌고 고향 정게로 들어간다

저물녘 골목을 돌아오면 밀 빵 찌는 냄새
그때야 느끼는 허기에 정게 문을 연다

며칠 전
"엄마 오징어순대 어떻게 만들어요? 엄마가 예전에
해주시던 맛이 생각나서요."
아들은 엄마와의 추억을 맛으로 소환한 것일까?
냄새로 불러낸 것일까?

호박 갈칫국, 죽상어 구이, 맛살 초무침,
뜸부기 나물, 온박지에 동지 새알 죽
엄마 손맛에서 끌려 나오는 냄새의 기억이
밥상에 오르는 저녁

두 아들은 종종 어떤 냄새로 나를 떠올리는 것일까?

속잎도 피어

나무는 지심 깊은 곳에 다듬어 두었던
부리를 끌어올렸다
가지마다 그 부리 쏙쏙 내밀었다
그것을 보고 새떼들이 날아들었다
부리가 없는 새들이었다
나무는 부리를 새의 입자리에 척척 붙여주었다
새들이 노래를 부르기 시작했다
온 숲에 나무가 밀어낸 새의 부리가
봄을 부르기 시작했다
새의 부리를 통해 땅속의 환호성이 솟아올라
봄 숲을 흔들었다
오월의 숲
우리를 향하신 한 분의 거룩한 입맞춤에
오묘한 빛의 노래가 화답했다

오독誤讀

한 남자가 있었다 흙에서 나온 그가
태초의 경전을 오독하고 있었다
죽음의 두려운 침묵이 경전 위로 떠올랐다

가이아는 별별 괴물을 다 만들고
아프로디테의 허무맹랑한 이야기도 들려오곤 했다
사람들은 이야기 만들기를 좋아했다

호모 사피엔스부터 21세기 냉동인간까지
흙 밖으로 내보내고
재빨리 흙으로 돌아갔다

강낭콩 심으면 강낭콩을, 감자를 심으면 감자를
내놓는 일, 지렁이도 벌레도 다 품어주는
흙은 생명과 죽음의 질료와 형상쯤이란 것
누구나 돌아가야 할 근원이란 있는 것
본향은 마음 닿는 곳에
가장 밝게 존재한다는 것

중세 놀이에 빠지다

 가을 깊은 날, 마르생드 공작부인과 샤를 후작 부인 캉 브르메리 백작 부인이 아이를 데리고 나선다 저녁에 파름 대공부인댁 대연회에서 보여주는 그림자놀이에 가려는 것이다 구불한 숲길을 따라 4킬로미터를 마차로 달리다가 지워진 발자국의 빛바랜 시간들이 고인 발견의 기쁨도 길어 올 수도 있을 거라고 스완 저택과 게르망뜨 성을 나선 들뜬 부인들이 새 옷을 입기 위해 살롱 르네에 들렀다 공작 후작 백작 부인들의 옷을 만들어 입혀주는 나는 중세 살롱 퀼트 디자이너 한 눈에 인물들의 특성을 파악하여 모자부터 드레스를 입혀주어야 불평이 사라진다

 캉 브르메리 백작 부인은 엔틱 레이스 색상에 까탈을 부리며 독점하려 실랑이 중 벌써 몇 번째 뜯어서 꿰매야 했는지 미안한 감은 조금도 없다. 손끝이 바늘에 찔려 핏방울이 흘러도 요지부동이다 그녀는 블로크의 라그르댕 여동생으로 후작과 결혼하여 귀족의 반열에 오른 인물이다 귀족이면 귀족다움이 있어야 할 텐데

 비싼 옷보다는 '다움'을 입어야 격에 어울릴 부인들, 대공

댁까지의 거리가 먼데 투정은 멈출 기미가 안 보인다 옷으로 존재감을 살리려는 그녀의 요구가 무리는 아니지만, 화려하게 치장한 중세 부인들의 나들잇길은 역병도 아랑곳없다 저 산책길을 따라 늦가을 숲에 들면 내 잃어버린 시간도 얼마간 찾아 호주머니에 담아올 수 있을까?

  연회에서 돌아와
  액자 속에 갇혀 벽에 걸린 부인들
  빛나던 한 시절을 보여주고 있다

배꼽을 훔치다

벚꽃 터널을 지나오는데
벚나무가 내 배꼽을 빼간다
셀 수 없는 꽃들이 배꼽 빠지게 웃고 있다
이 암울한 시대 이것들 한없이 웃어 댄다

웃음에 화답하다가
꽃의 시야 속으로 사라진 내 배꼽
연분홍 사랑에 입맞춤을 하다가 어질어질한데
터널 끝을 빠져나와서야
꽃손이 배꼽을 쥐어준다

내 것이 아니라고 도로 주었더니
친구의 것과 헷갈렸다고 다시 찾아보겠다고 한다
골똘히 생각하다가 몰래 꽃의 배꼽 하나를 훔친다
훔쳐온 배꼽을 만지작거리며
봄내 웃을 일만 남은
나의 배꼽 절도 행각

고양이의 발자국

칠 년을 살았으니 가족인 거야
길 위 목숨에게
날마다 끼니를 챙겨준 손길이었으니
화단의 꽃을 나도 피우고 싶어졌어
마당 틈 사이 비가 샌다고 시멘트를 바르길래
이때다 싶었어
한 송이 두 송이 다섯 송이
집주인이 바뀌어도 그 집을 떠날 수 없는 건
내가 피운 꽃 때문이었어
훗날 내가 마당에
꽃을 피워 가꾸던 고양이였다고,
누군가 길고양이로 세상에 왔다가
꽃 다섯 송이 피우고 갔더라고 기억해
준다면 바랄 게 없겠어
고마웠다고, 안녕이라고,
길 위의 삶도 결코 슬픔만은 아니었다고
말할 수 있을 것 같아

치마 속에 숨은 봄바람

1.
싸리 빗자루 둘러선 산봉우리를 안은
구두미 마을
노랑연두분홍 집 앞 흰 구름 낮게 졸고
여인들이 사진놀이에 빠져
상긋한 봄을 부른다
도심의 꽃들은 웃음소리 요란한데
깊은 골 나뭇가지 봄 기척 더디다
우뭇가사리 닮은
개구리 알 뭉치의 태동을 살핀다

하우스 난로에서
고구마 속살 익는 다디단 냄새
분홍 방에서 어제인 양 저마다 신혼을 소환한다
조곤조곤 담소가
바구니에 꽃과 잎으로 수놓인다

2.
찬바람 쌩한 아침 산 너머
이효석은 가고 없지만
달빛 글씨로 마음에 피운 꽃 생기롭다
언 듯 동이의 얼굴 얼비치다 사라진
텅 빈 메밀밭
뼛속으로 스미는 추위를
메밀 묵밥 온기로 밀어내고
언덕 위 님의 흔적 새기고 내려와도
아직 풋 봄이다

카페 안나로사에서 버가모트를,
붉은 제라늄으로 뒤덮인
빵 공장에선 깜바뉴를,
연분홍 치마가 종일 하늘을
날던 날 어디든 초행길은
그리움 쪽으로 몸이 기울더라

혼돈

가시광선이 내 몸을 스캔한다
납작하게 눌러야만 보이는 미세 실선
아파요, 소리는 바닥으로 가라앉고
기계에 길들어 가는 사람들
이번에는 초음파를 쏘아서
브라운관으로 확인하는 것
동지 새알심 같네, 이쁘기도 해라
몰랐어요?
열 중 셋은 암일 수 있어요
혼돈 속 긴장과 느슨의 반복
수시로 찾아드는 무덤 속 어둠
무인도에 떨어진 톰 행크스처럼
잊힐 시선들이 쓰나미로 몰려왔다
내가 없는 내 집의 익숙한 것들을 누군가
만지고 참견하는 듯한 가상의 추리에
겹겹이 마음에 덧붙는 반창고
손주들이 더 보고 싶어요
혹 선한 일 한 것 있다면,
흥정인가, 한계 너머는 그분의 몫

삶과 죽음의 거리가 한치 안
기계는 언제나 옳다, 오진이라도
20분이 1년으로 감쪽같이 바뀌다니,
유두관내종인데 시술은 하셔야
희뿌연 시야가 선명해지더니
세상이 나를 향해
일제히 박수를 보내고 있다

붉음에 관하여

땡볕에 고랑을 타들어 가며 고추를 딴다
삶이 한 번쯤은
맵싸한 고추 같을 때도 있으려니
풋것들 덜렁거리다가 칠팔월 열기에
붉음에서 검붉음으로 햇볕 안으로
침잠해가는 것들의 붉은 고요
여문 씨까지 한 자루씩 잘도 맺는데
이제 붉은 경수經水가 시나브로 끊기고
별 붉을 일도 없는 내게
첫물 딴 고추가 다섯 근이라며
고추 농사 잘 지었네요, 한다
하긴 우리 집에 고추가 셋이니
얼굴 붉을 일은 없는 것
붉어야 절정이다

땅따먹기 놀이

어둑하고 그늘진 뒤안
나리꽃 피는 담장 아래로 잦은 하품이 고여든다
흐늘흐늘 고무찰흙처럼 늘이고 줄이다가도
바싹 얼어붙은 길냥이의 두 눈이 느릿하게 다가오면
동그란 털공이 되어 뒹굴며 물어뜯는다
녀석들의 선조가 시베리아 호랑이였는지도 모를 일

땅금은 그들만 긋는 것이 아니라는 것을
허공에 기대어 가파르게 오르는 빌딩을 보고 알았다
미술반 내내 비슷한 네모꼴만 그리던 그애가
산을 세 개째 지워가며 아파트를 짓는다고 했다

좁은 땅 복사하기를 좋아하는 이들을 닮은 것인가
영역 안 주인은 자기여야만 하는 것,
누구의 발도 디밀 수 없는 곳,

땅따먹기 놀이에는 반달도 있었는데
마지막엔 금을 지우고 다 돌려주는 것이었는데

호숫가에서
- 유나 가족의 이야기

폭풍의 빛이 휘몰아친다

고막을 찢는 순간

노송이 반으로 갈라진다

물속으로 날아갈 것만 같아 다리에 힘을 준다

나무는 제 마음을 허옇게 뒤집어 보이며 울부짖는다

부러진 가지들이 어지럽게 날아간다

폭풍을 만나야 비로소 앓던 나무의 속이 보인다

생애를 모아 기원한 해맑은 웃음

나무 안에서 튕겨 나와

익사하고 있다

그녀와 나의 크레바스

룸메이트가 한국으로 돌아가고 출출했어
근처 통닭구이 가게에 들렀지
구워진 닭과 강낭콩과 야채 샐러드, 콜라를
들고 막 자리에 앉았는데
대각선으로 빨강 매니큐어를 칠한 기다란
손톱의 여자 앞에도 같은 메뉴가 놓이더군
포크와 나이프도 가지런히 놓여있었어
내가 닭다리 하나를 포크로 찢고 있을 때
그녀의 새빨간 손톱이 분주하게 입과 샐러드
접시를 오갔어
애써 시선을 피하려다 마주친 엉거주춤한 눈길
포크와 손가락의 거리에 건너기 어려운 크레바스
현기증이 인다
그 밤 내 생각이 새끼를 낳는 바람에
침대 머리에 양수가 흥건하더라고
다름과 틀림의 아득한 거리
세상은 광활하고 다른 것은 많더라고
두뇌 프로그래밍 언어를 다시 입력해야겠어

산수유꽃 필 무렵

초봄 동백꽃 잎으로 휘감은 새 각시가
함지박에 노란 기장 쌀밥을 이고 와
꽃 주머니를 그득그득 채워놓고 간 것인데
설 지나 정월 대보름
나물 비빔밥까지 먹고 나면
춘궁기 비스무리 스며드는 것인데
차진 조밥 해주시며 많이 먹어라 하시던
엄마 하늘길 가시는 날에도
산수유꽃 노랗게 피었던 것인데
해마다 봄이면 기장 쌀밥을
끼니마다 먹는 것인데
내가 꽃송이를 먹는지 봄을 먹는지 지난 시절을
먹는지 헷갈리는 것인데
아지랑이 아른아른 그 봄날을 흔들며
신행길에서 돌아온 새 각시도
조밥을 짓고 있었던 것인데

폭염

연일 융단 폭격이다

열선에 감전된 하늘이 땅에

불을 확확 토한다

마른 방죽 물고기들은 화석이 되어 연대기를

거스러 오르고

검게 탄 농작물은 가을에 빈 창고이겠다

체온이 이탈하여 쓰러진 사람도 수천 명

혹 전기가 끊긴다면 사람도 떼죽음을 당할

위기의 불가마 속

생명 있는 것들의 아우성이 드세다

올여름 사람이 살 수 없는 열덩이 땅이 늘었다

지구 폭력의 책임을 진 사람들

폭력의 강도가 높을수록

지구와 나는 열병을 앓는다

곪고 썩어 신음하는 지구의 마음을 외면하는

우리는 지금 어디에 사는가

지옥인가, 아닌가

오늘도 만사천삼백십이

종의 생명이 사라지고 있다

해설

해설

기억의 최면술사가 퍼 올린 감동의 시편들

오봉옥
(시인, 서울디지털대학교 교수)

최연숙 시인이 보내 준 원고를 밤새워 읽었다. 해설을 쓴다는 생각도 없이 깊이 빠져들어 읽었다. 그가 퍼 올린 기억들을 따라가다 보면 어느새 눈시울이 붉어지게 되고, 내 지난날의 장면들이 떠오를 때가 많았다. 최연숙 시인은 여리고 섬세하고 깊고 눈물 많은 사람이어서 시를 가슴으로 짓는다는 생각이 들었다.

최연숙 시인은 '기억의 최면술사'이다. 그는 최면술사답게 기억을 퍼 올리는 데 익숙하다. 그렇게 떠올린 기억은 실제보다도 선명하고 섬세하다. 나아가 그 대상의 내면까지를 깊이 파고들어 시적 실감을 증폭시킨다. 최면술사인 그가 재현한 기억의 영상들은 우리를 감동에 젖어 들게 하고, 가슴을 아리게 하고, 때론 전율을 불러일으킨다. 시가 왜 실제나 영화의 한 장면보다 더 큰 울림을 안겨주는 것인지 이 시집에 실린 많은 시편은 그것을 여실히 증명하고 있다. 그의 시 세계에 빠져보기로 하자.

한동안 그를 잊었다
아니 애써 그를 밀어냈던 것 같다

하지만

세상이란 발판에 발자국을 찍고 떠나도
아주 떠난 것이 아니었다
귀또리가 되어
여뀌가 되어
샛강이 되어 말을 걸기도 했다

공기처럼 바람처럼 보이지 않아도
나뭇가지가 흔들리고
내가 숨을 쉬고 살듯이
찬찬히 보면 그가 살다간 흔적이
내 손바닥에도 문장 부호처럼 새겨져 있다

오늘도

귀또리가 밤새워 말의 탑을 쌓는다

-「잊지 말라고」 전문

이 시에서의 '그'는 한용운 시인의 '임'처럼 확장성을 지니고 있다. 사람일 수도 있고, 사물일 수도 있고, 시(詩)와 같은 관념일 수도 있다. 세상을 살다 보면 잊을 수 없는 것들이 있다. 잊으려 하면 할수록 더욱더 또렷하게 떠오르는 것들. 사랑이 깊을수록 이별의 고통도 깊다. 부모, 형제, 처자, 애인 등 사랑하는 사람과 생별(生別)하거나 사별(死別)을 하게 되면 그 고통은 죽을 때까지 계속된다. 좋아하는 물질이나 풍경 또한 마찬가지이다. 고향을 떠나와도 잊을 수 없는 건 고향 풍경이다. 살다가 고향을 떠올리게 하는 풍경을 만나면 우리는 발걸음을 멈추게 되고, 한동안 회억에 잠겨 있어야만 한다. '시(詩)'도 마찬가지이다. 시인들은 때때로 시를 잊고 살거나, 시를 애써 밀어내기도 한다. 하지만 시란 게 밀어낸다고 밀어내지는 게 아니다. 어느 사이 내 안에 들어와 마음을 움직인다. 이 시에서의 '그'도 그런 존재이다. 시적 화자는 살기 위해 애써 '그'를 밀어낸다. 그래서 '한동안 그를 잊고' 살기도 한다. 하지만 그것들은 시시때때로 다시 나타나 말을 건다. '귀또리'가 되고, '여뀌'가 되고, '샛강'이 되어 말을 걸어온다. '오늘'은 '귀또리'로 와서 '말의 탑'을 쌓는다. 시적 화자의 모습이 훤히 그려진다. 화자는 '귀또리' 소리를 들으며 옛날로 돌아간다. '귀또리' 소리를 들었던 시절로 돌아가니 많은 존재들이 소환된다. 화자는 그런 존재들을 떠올리며 '밤새워' 생각의 '탑'을 쌓는다. 참으로 이상한 일이다. 그런 존재들과 흔적들을 애써 밀어내고자 하였는데, 아니 그렇게 그것들의 '흔적'을 다 지웠다 싶었는데 다시금 '손바닥'을 들여다보면 '문장 부호처럼' 깊게 새겨져 있다는 사실을 알게 된다. 최연숙 시인의 시집 『모든 그림자에는 상처가 살고 있다』를 보면 그런 존재들이, 그런 흔적들이 도처에 나타나 우리의 마음을 흔들어놓는다. '그'라는 존재들을 만나보기로 하자.

> 아부지 나뭇짐 지게
> 넌실넌실 집에까지 따라오던 맹감넝쿨 서너 개
> 흰나비가 지게 뒤를 따라오기도 했고
> 산풀 냄새, 진한 박가분 냄새가 얹어오기도 했다.
> 떡을 정성껏 싼 맹감잎
> 아부지는 떡을 좋아하셨다.
>
> -「망개떡」 중에서

> 갯고랑에서 진진 초록 파래를 뜯다가
> 운지리 두엇을 아부지 검정 고무신에 담아
> 집으로 달려오던 늦가을 해름
> 엄마 손에 이끌려 병원에 가신 아부지 옷이
> 지붕에 널브러져 있었다
> 비녀를 뺀 엄마의 머리는 조기 弔旗처럼 흔들리고
> 아부지는 방으로도 못 들어오시고
> 토담 아래 누우셨다, 객사라는데
> 어린 내가 본 죽음의 무서운 첫 경험이었다
>
> -「월곶 포구」 중에서

최연숙 시인은 '기억의 최면술사'이다. 그가 어루만지는 존재들과 사물들은 눈앞에 훤히 펼쳐지듯 생기롭다. '맹감잎'에 정성껏 싼 '떡'을 좋아하신 아버지는 풀 짐을 지고 오다가 '맹감넝쿨 서너 개'를 훑어오기도 한다. 풀 짐에서 나는 '산풀 냄새'와 진한 '박가분 냄새'를 따라 '흰나비'가 따라온다. 해질녘, 산호빛 노을 속에 풀 짐 지고 흔들흔들 걸어오는 아버지. 그 뒤에서 '산풀 냄새와 '박가분 냄새'에 취해 너울거리며 따라오는 '흰 나비' 한 마리. 시인은 영화의 한 장면 같은 풍경을 그려낸 뒤 엄마 아버지의 서사를 들려준다. '맹감잎'에 싼 '망개떡'을 그렇게나 좋아하셨던 아버지가 저 세상으로 떠나간 이야기. 그런 뒤 '땅과 허리가 묶여 있을' 정도로 일만 하셨다는 어머니의 이야기. 「월곶 포구」 역시 선명하다. 이 시에는 '갯고랑에서 진진 초록 파래를 뜯다가' 운지리(망둥어) 두어 마리를 '아부지 검정 고무신'에 담아 집으로 부리나케 달려오는 한 소녀의 모습이 담겨있다. 앞머리를 일(一)자로 자르고 눈을 똘망똘망 굴릴 듯한 어여쁜 소녀. 이 어린 소녀는 난생처음으로 '죽음'을 목격한다. 그것도 '방으로도 못 들어오시고 토담 아래' 누우신 아버지. 아버지의 옷은 '지붕에 널브러져' 있고, '비녀를 뺀 엄마의 머리는 조기(弔旗)처럼' 흔들리고, 그것을 지켜보는 소녀의 눈에서는 금방이라도 눈물이 뚝뚝 흘러내릴 것만 같은 그 모습. 이제 오랜 세월이 지나 희미해질 법하지만 '기억의 최면술사'인 시인은 영화보다도 더 선명한 장면을 원고지 위에서 재연한다. 시인에게 '말'을 걸어오는 사물들은 도처에 널려있다. '귀또리', '여뀌', '샛강', '망개떡', '월곶 포구' 등등. 다음의 시는 '갈치 호박국'을 먹다가 다시 엄마와 아버지를 소환한다.

첫사랑을 만나러 통영에 간 백석이

객줏집에서 홀로 떠먹었을 갈치 호박국

나락 탈곡하는 날 마람 엮는 날

엄마는 아버지를 기다리며

갈치 호박국을 끓였다

비릿한 갈치와 호박의 들큰한 맛이

조화를 부려 놓은 두레상에서

가시를 발라주던 엄마의 분주한 손끝

잊고 살아온 갈치 호박국 위로

고향 집 대추나무 아래 덕석이 펼쳐진다

그립단 말도 희미한 이제

그리운 이름마저 듬성듬성

호박국에 갈치 토막처럼 떠돈다

입의 기억은 세월과 반비례인가

-「갈치 호박국에 어리는 두 남자」 전문

    이 시는 통영에서 갈치 호박국을 먹다가 백석 시인과 '엄마와 아버지'의 존재를 떠올린다. 백석은 첫사랑 '난'을 만나기 위해 통영의 한 '객줏집'에 들러 밥을 먹는다. '생선 가시가 있는 마루방'에서 밥을 먹는데 '소라방등이 불그레한 마당'에서는 '김 냄새나는 비'가 내린다. (백석의 시 '통영' 일부) 시적 화자는 '새록새록 입맛 도는 통영 갈치 호박국'을 먹다가 객줏집에서 첫사랑 '난'을 기다리며 백석이 '홀로 떠먹었을 그 갈치 호박국'을 떠올리고, 거기에 '대추나무 아래 덕석' 위에서 '갈치 호박국'을 먹던 자신의 가족들을 오버랩시킨다. 백석이 후각에 민감한 시인이었듯 최연숙 시인 역시 '비릿한 갈치와 호박의 들큰한 맛이 조화를 부려' 온 마당을 휘감아 도는 '갈치 호박국' 내음을 풍겨 주고, '두레상에서 가시를 발라주던 엄마의 분주한 손끝' 모습까지를 선명하게 그려준다. '그립단 말'도 희미해질 만큼 시간이 흘러 '그리운 이름마저 듬성듬성 호박국에 갈치 토막'처럼 떠돌고 있지만, 기억의 화신답게 시인은 어린 날의 한 장면을 실감 나게 보여준다. '나락 탈곡'을 한 뒤 먹었을 '갈치 호박국'은 얼마나 달고 입속에서 사르르 녹아내렸을 것인가. 입맛이 돌지 않을 수 없다. 거기에다 먹기 좋게 '갈치'의 가시까지를 발라서 밥 위에 올려주고 있으니 시인의 기억의 무늬에서 어찌 지워질 수 있겠는가. 이 훈훈한 풍경은 우리의 행복한 순간들을 환기시킨다. 내가 심통을 부리거나 받아쓰기를 잘해 백 점 맞은 시험지를 갖다 주면 우리 어머니께서는 머나먼 시장까지 나가 '갈치'를 사와 구워주곤 했다. 갈치를 발라주며 내 머리를 쓰다듬거나 심통 난 내 기분을 풀어주려고 일부러 누나나 형들에게 큰 소리로 나무라곤 했다. 백석의 시 「통영」이 사랑하는 여인을 만나지 못한 안타까움과 그리움을 보여주고 있다면, 최연숙의 시 「갈치 호박국에 어리는 두 남자」는 먼저 가신 어머니와 아버지에 대한 그리움을 하나의 물질(갈치 호박국)을 통해 은은하게 내비치고 있다. 그리고 이 시는 '기억의 최면술사'인 시인이 눈에 담은 기억 못지않게 '입의 기억'이 얼마나 더 강렬한지를 보여주고 있다.

상원사 가는 단풍진 소롯길

장작 타는 냉갈이

고향의 부삭을 호명하고

처마가 나지막한 옛집 뜨락

물매화 흰 말씨 짓고 있네

오지단지 산국은 늦향을 품고

노박덩굴 까치밥은 싱글 생글

눈망울을 굴리며 잣 눈짓하네

오후의 햇살은 창 안이 궁금한지

맑고 긴 손을 내밀어

내 얼굴을 어루만지다가

마당 가 감나무를 기어오르네

시간이 정물화를 그리며

덧칠해가는 토방 위로

아버지의 가을 한 장이

붉게 타오른다

–「아버지의 엽서」 전문

「통영, 호박 갈칫국」이 '호박 갈칫국'을 통해 과거의 기억을 떠올리고 있다면 「아버지의 엽서」는 낯익은 풍경을 통해 기억의 한 장면을 재연한다. 시적 화자는 '상원사 가는 단풍진 소로'에서 '장작 타는 냉갈'을 보고 '고향의 부삭'을 소환한다. '냉갈'이나 '부삭'의 지역 말이 살갑게 다가온다. 냉갈은 연기, 부삭은 부엌의 방언.

'처마가 낮은 옛집'의 풍경은 마치 '아버지의 엽서'처럼 살갑게 느껴진다. '뜨락'엔 '물매화'가 '흰 말씨'를 짓고 있고, 마당 가엔 감나무가 놓여있으며, '토방' 위엔 붉게 타오르는 저녁노을이 깔려 있다. 거기에 '늦향'을 품어내고 있는 '산국'하며 '노박덩굴'에 하나 둘 남은 '까치밥'까지 싱글 생글 '잣 눈짓'을 하고 있으니 고향의 한 풍경과 다를 바가 없다. 시적 화자는 이 낯익게 느껴지는 풍경을 '아버지의 엽서' 쯤의 느낌으로 바라본다. 이 시의 묘미는 '오후의 햇살'에 있다. 햇살은 창 안에 있는 존재가 궁금한지 '맑고 긴 손을 내밀어 내 얼굴을 어루만지다가 마당 가 감나무'로 자리를 옮긴다. 기울어져 가는 '햇살'은 다시 '정물화를 그리며 덧칠해져 가는 토방 위로 아버지의 가을 한 장'이 되어 붉게 타오른다. '햇살'은 '아버지'의 손길로 느껴지게 만든다. '내 얼굴을 어루만지는' 아버지, 낯익은 '정물화'를 그려놓더니 그 위에 다시 붉게 깔린 노을로 덧칠하는 보이지 않는 손길, 그것은 필시 아버지의 손길일 터이다. 이 시는 풍경 속의 풍경을 보여주는 시이다. 아버지가 그려놓은 대상에 감정까지 담겨있으니 풍경 속의 풍경이 아닐 수 없다.

「갈치 호박국에 어리는 두 남자」나 「아버지의 엽서」가 기억의 한 장면을 재연한 것이라면 「백수를 앞두시고」나 「죽은 새끼를 물고」는 최연숙 시인의 인간적 면모를 살펴볼 수 있는 작품이다.

죽 한 숟가락 떠 드리다가
엄니 백 살까진 사셔야 해요
뭐 하게야…

음, 경주 김가에 백 세 장수 어른이 계셨다고
얘기하게요
언능 죽어야제…
봄꽃들이 날 좀 보소 날 좀 보소하는 날
울 엄니 까실한 삼베옷
마디마디 예쁜 꽃송이 달고
빨간 꽃신까지 덧신고
안 본다 안 본다 눈감고 가시네
숨 몰아쉬며 힘들어하시길래
하나님 울 엄니 큰 고통 없이 천국 가시게 해주세요
그 기도 몇 시간 후 들어주시다니요
엄니, 헛소릴 지껄인 전 정말 나쁜
며느리였구만요…

―「백수白壽를 앞두시고」 전문

 이 시는 '백수'를 앞둔 시어머니와 며느리의 눈물겨운 대화로 이루어져 있다. 며느리인 시적 화자는 '백수'를 앞둔 시어머니에게 '죽 한 숟가락' 떠드리다가 '엄니 백 살까진 사셔야 해요'하고 말하고, 거기에 시어머니는 '뭐 하게야'하고 대꾸한다. 그러자 시적 화자는 '음, 경주 김가에 백 세 장수 어른이 계셨다고 얘기하게요'하고 말하고, 거기에 다시 시어머니는 '언능 죽어야제…'하는 말을 버릇처럼 내뱉는다. 이것은 며느리와 시어머니 간의 대화라기보다 모녀간의 대화로 느껴질 만큼 거리감이 느껴지지 않는다. '백수'

를 앞둔 시어머니는 오랫동안 생명을 유지하고 있는 게 자식들에게 '폐'나 되지는 않을까 하며 걱정을 하고, 시어머니의 그런 마음을 잘 아는 며느리는 기운을 북돋아 주기 위해 '죽'을 입에 넣어주면서 '장수'를 하는 건 집안의 자랑이라며 그 마음을 어루만진다. 임종을 앞둔 시어머니 앞에서 며느리인 시적 화자는 '고통 없이 천국'을 가게 해달라고 간절한 기도를 올린다. 그리고 몇 시간 후 시어머니는 '백수'를 앞두고 세상을 떠난다. 그 순간 화자는 다시 시어머니를 향해 속엣 말을 한다. '천국' 가시게 해달라고 '헛소릴 지껄인' 자신은 '정말 나쁜' 며느리였다고. 시어머니가 '숨 몰아쉬며 힘들어할 때' 천국을 가게 해달라고 기도하는 며느리, 시어머니가 세상을 떠나자 큰 고통 없이 천국을 가게 해달라고 '헛소릴 지껄인' 자신을 자책하는 며느리, 그런 며느리의 마음이 가상하고 또 가상하다. 너무도 착해서 눈물겹고, 너무도 기특해서 눈물겹다.

지중해 안탈리아 해변
뜨거운 모래밭에서 물개 한 마리
몇 시간째 울부짖는다
목은 쉬고 눈가에 눈물이 흥건히 젖은
어미 물개 앞에는
사산한 새끼가 널브러져 있다
어미는 새끼의 몸에 자꾸 얼굴을 갖다 댄다
급기야 물에 닿으면
혹 살아나지나 않을까 하고

새끼를 물고 물가로 간다

새끼가 미동도 보이지 않자

이번엔 죽은 새끼를 모래밭에 내려놓고서

바다를 막아선다

죽은 새끼 앞에서

어찌할 줄 모르는 에미의 마음

"뉴스에서는 자식을 죽인 비정한

젊은 여자가 얼굴을 가리고 차에서 내린다"

　－「죽은 새끼 입에 물고」 전문

　이 시는 간명하다. 죽은 새끼를 낳은 어미 물개가 운다. 몇 시간 째 울부짖다가 '새끼의 몸에 자꾸 얼굴'을 갖다 댄다. 급기야 '물에 닿으면 혹 살아나지나 않을까 하고 새끼를 물고 물가'로 데려간다. 파도가 밀려와 새끼를 흔든다. 하지만 새끼는 미동도 보이지 않는다. 파도가 밀려와 반복해서 새끼를 치자 보호 본능이 일어난 어미는 다시 '죽은 새끼를 모래밭에 내려놓고서 바다'를 막아선다. 그렇게 '물개 어미'는 '사산한 새끼'를 눈앞에 두고 허둥거리고, 그런 '에미의 마음'을 느낀 화자는 가슴이 찢어질 듯한 슬픔을 느낀다. 죽은 새끼 앞에서 '어찌할 줄 모르는 에미의 마음'이 가슴을 아리게 한다. 죽음을 있는 그대로 받아들이지 못하고 울고 허둥대는 '어미 물개'의 행위가 숨을 막히게 한다. 이 시는 여백의 미를 보여주고 있다. 시인은 '어미 물개'의 행위만으로 긴장감을 심어준다. 몇 시간 째 울고 있는 '어미 물개', 그러다가 '새끼의 몸에 자꾸 얼굴을 갖다 대는' 어미 물개, 급기야 죽은 새끼를 살리고자 물가로 물고 가는 어미 물개, 죽은 새끼를 삼킬 듯 다가오는 파도에서 두려움을 느껴 바다를 가로막고 서는 어미 물개의 행위는 우리로 하여금 많은 것을 생각하게 한다. 세상의 모든 '어미'는 그런 존재이다. 우리들의 어머니가 그랬고, 뭇 생명들의 어미들도 모두 그러했을 것이다. 몇 시간 째 울고 있는 '어미 물개'를 안쓰러운 눈으로 바라보고 있는 화자의 마음결도 잘 전달된다. 조마조마한 마음으로 몇 시간 째 지켜보며 발을 동동 구르고, 안쓰러워 함께 울었을 터. 이 시는 '어미'라는 존재를 다시금 생각하게 하고, 그 '에미의 마음'을 헤아려보게 한다는 점에서 감동적인 시가 아닐 수 없다. 이 시의 형상은 오랫동안 내 마음속에 자리 잡을 것 같다.

최연숙 시인의 시 몇 편을 살펴보았다. 이 시집은 이 밖에도 읽어볼 만한 시들이 많다. 표제시「모든 그림자에는 상처가 살고 있다」를 비롯하여 현대인의 정서를 실감 나게 보여주는「빈 섬」, 구어체의 묘미를 보여주는「남북」, 화자의 여린 마음을 유감없이 보여준「지렁이와 호미」, 현대인의 삶을 여실히 보여주고 있는「홍수」, 말다룸의 솜씨를 보여주는「너를 앓다」, 인간의 삶을 돌아보게 하는「거미의 집」, 인간과 자연의 관계를 절묘한 비유로 보여주고 있는「갈대의 변주」등이 그러하다. 이러한 시들은 또 다른 평자들의 몫으로 남겨두고자 한다. 일독을 권한다. 세 번째 시집 출간을 축하드리고 계속 정진하여 좋은 시 많이 쓰기 바란다.